sekolah - la escuela 2
berjalan - el viaje 5
pengangkutan - el transporte 8
bandar - la ciudad 10
landskap - el paisaje 14
restoran - el restaurante 17
pasar raya - el supermercado 20
minuman - las bebidas 22
makanan - la comida 23
ladang - la granja 27
rumah - la casa 31
ruang tamu - la sala 33
dapur - la cocina 35
bilik air - el cuarto de baño 38
bilik kanak-kanak - la habitación de los niños 42
pakaian - la ropa 44
pejabat - la oficina 49
ekonomi - la economía 51
pekerjaan - los oficios 53
alat - las herramientas 56
alat muzik - los instrumentos musicales 57
zoo - el zoo 59
sukan - los deportes 62
aktiviti - las actividades 63
keluarga - la familia 67
badan - el cuerpo 68
hospital - el hospital 72
kecemasan - la urgencia 76
bumi - la tierra 77
jam - hora(s) 79
minggu - la semana 80
tahun - el año 81
bentuk - las formas 83
warna - colores 84
berlawanan - los opuestos 85
nombor - los números 88
bahasa-bahasa - los idiomas 90
siapa / apa / bagaimana - quién / qué / cómo 91
di mana - dónde 92

AF188033

Impressum
Verlag: BABADADA GmbH, Nedderfeld 112 , 22529 Hamburg
Geschäftsführer / Verlagsleitung: Harald Hof
Druck: Books on Demand GmbH, In de Tarpen 42, 22848 Norderstedt

Imprint
Publisher: BABADADA GmbH, Nedderfeld 112 , 22529 Hamburg, Germany
Managing Director / Publishing direction: Harald Hof
Print: Books on Demand GmbH, In de Tarpen 42, 22848 Norderstedt, Germany

sekolah

la escuela

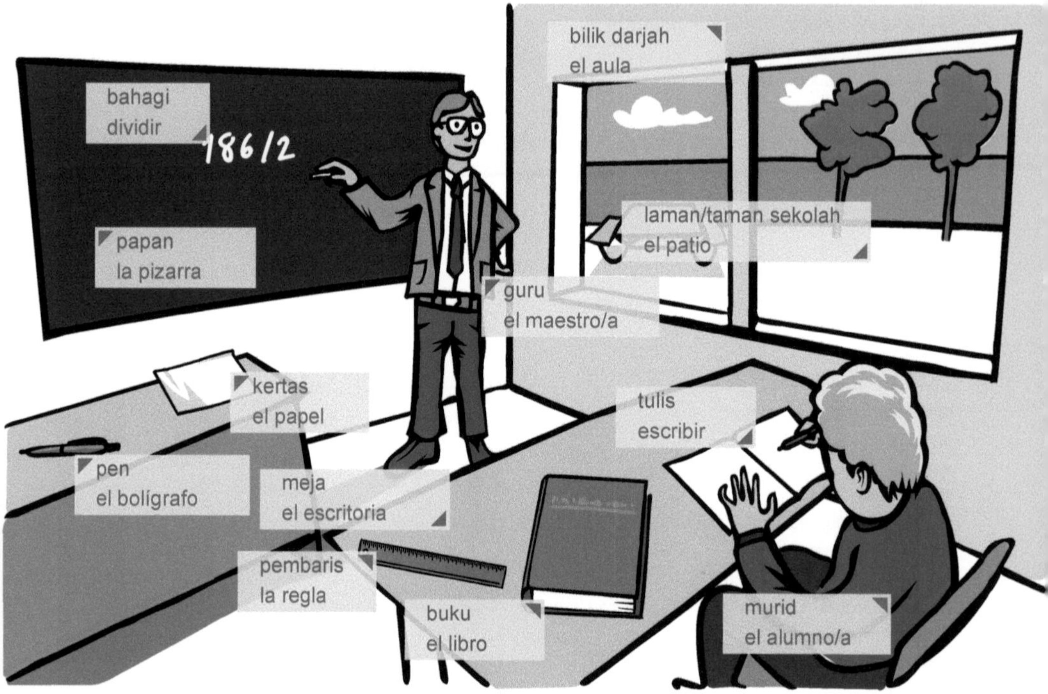

bilik darjah
el aula
bahagi
dividir
186/2
papan
la pizarra
laman/taman sekolah
el patio
guru
el maestro/a
kertas
el papel
tulis
escribir
pen
el bolígrafo
meja
el escritoria
pembaris
la regla
buku
el libro
murid
el alumno/a

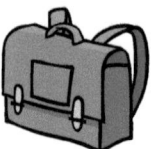

beg galas

la cartera

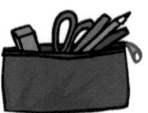

kotak pensel

la caja de lápices

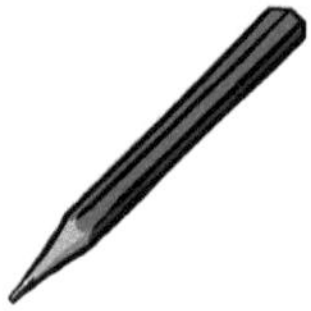

pensel

el lápiz

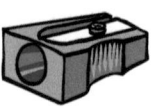

pengasah pensel

el sacapuntas

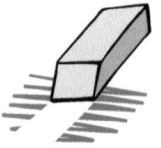

pemadam

la goma de borrar

kertas lukisan

el cuaderno de dibujo

melukis
el dibujo

berus lukis
el pincel

kotak warna
la caja de pinturas

gunting
las tijeras

gam
el pegamento

buku latihan
el cuaderno de ejercicios

kerja rumah
los deberes

nombor
el número

tambah
sumar

tolak
restar

darab
multiplicar

kira
calcular

huruf
la letra

abjad
el alfabeto

kata
la palabra

teks

el texto

baca

leer

kapur

la tiza

pelajaran

la lección

daftar

el cuaderno de notas

peperiksaan

el examen

sijil

el certificado

uniform sekolah

el uniforme

pendidikan

la educación

ensiklopedia

la enciclopedia

universiti

la universidad

mikroskop

el microscopio

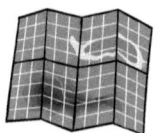

peta

el mapa

bakul sampah

la papelera

berjalan
el viaje

hotel
el hotel
Grand
asrama
el albergue
ROOMS
pejabat tukaran mata wang
la oficina de cambio de divisas
beg pakaian
la maleta
kereta
el coche

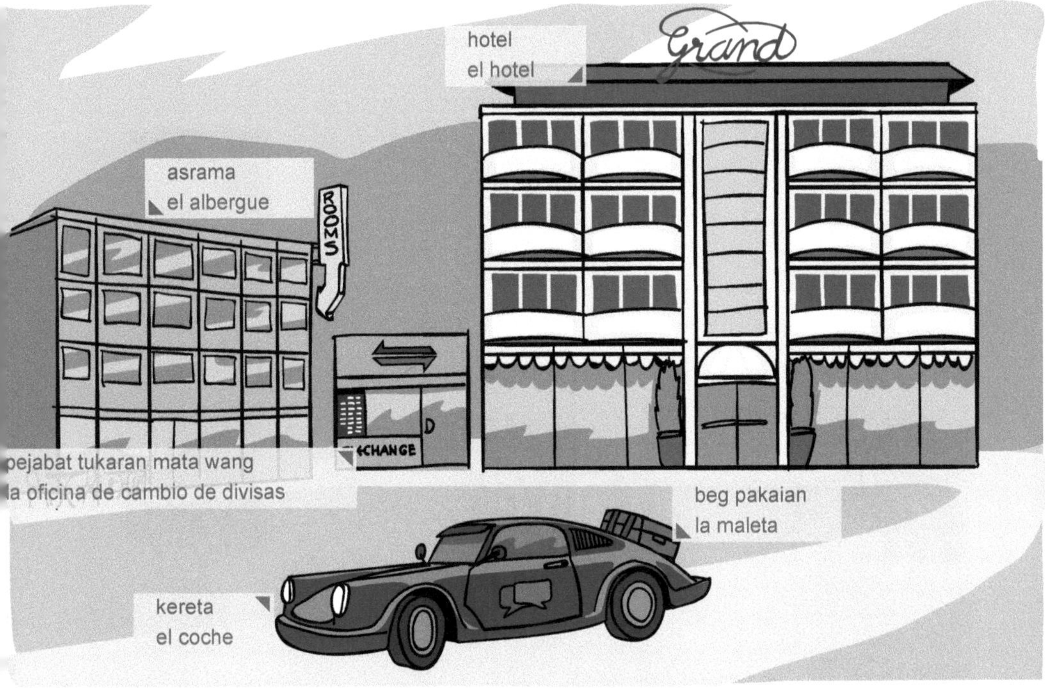

bahasa

el idioma

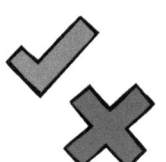

ya / tidak

sí / no

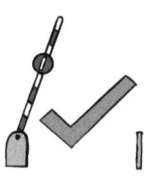

okey

Vale

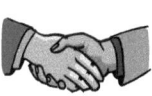

helo

hola

penterjemah

el traductor

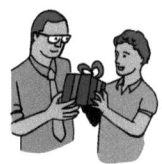

Terima kasih

Gracias

berapa banyak...?

¿cuánto es...?

saya tidak faham

No entiendo

masalah

el problema

Selamat petang!

¡Buenas tardes!

Selamat Pagi!

¡Buenos días!

Selamat Malam!

¡Buenas noches!

selamat tinggal

adiós

arah

la dirección

bagasi

el equipaje

beg

la bolsa

beg galas

la mochila

tetamu

el invitado

bilik tidur

la habitación

beg tidur

el saco de dormir

khemah

la tienda de campaña

maklumat pelancong

la información turística

pantai

la playa

kad kredit

la tarjeta de crédito

sarapan

el desayuno

makan tengah hari

el almuerzo

makan malam

la cena

tiket

el billete

lif

el ascensor

setem

el sello

sempadan

la frontera

kastam

la aduana

kedutaan

la embajada

visa

la visa

pasport

el pasaporte

pengangkutan
el transporte

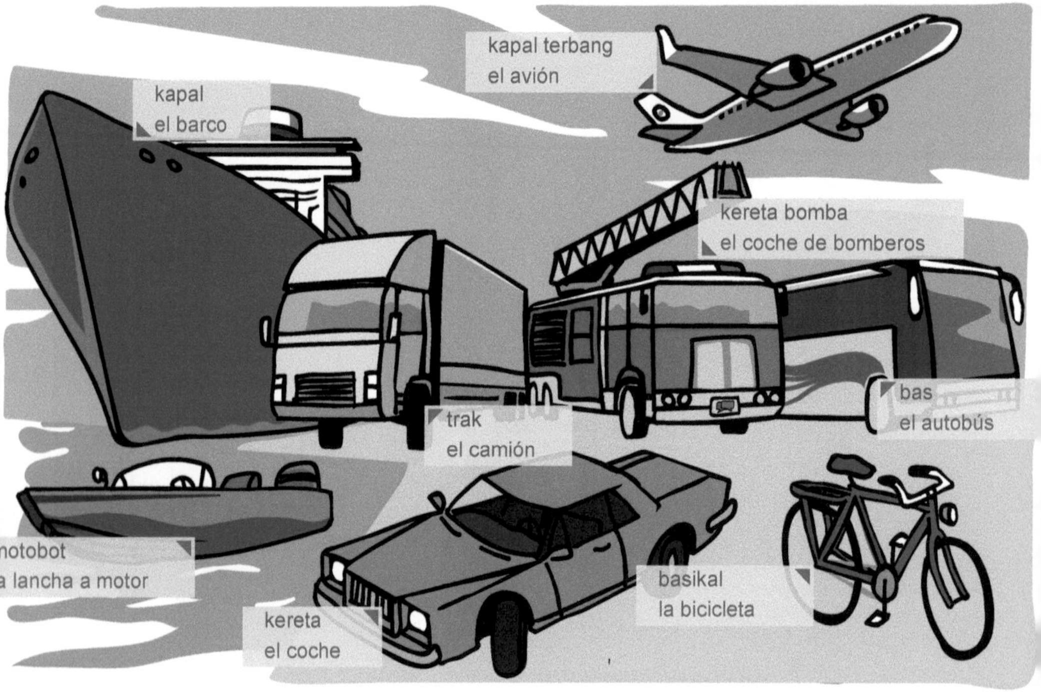
kapal terbang
el avión
kapal
el barco
kereta bomba
el coche de bomberos
bas
el autobús
trak
el camión
motobot
a lancha a motor
basikal
la bicicleta
kereta
el coche

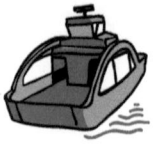

feri
el transbordador

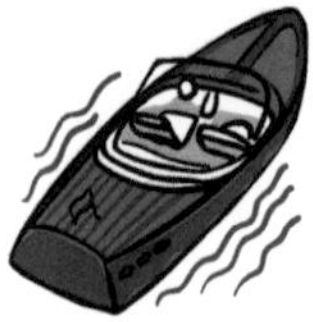

bot
la barca

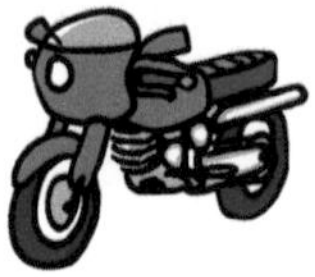

motosikal
la moto

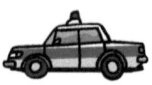

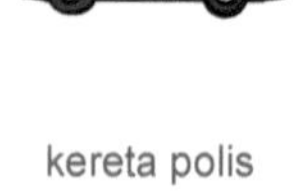

kereta polis
el coche de policía

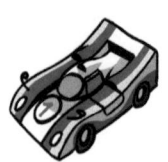

kereta lumba
el coche de carreras

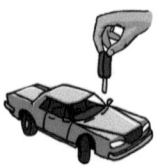

kereta sewa
el coche de alquiler

berkongsi kereta

el préstamo de vehículos

trak tunda

la grúa

trak menolak

el camión de la basura

motor

el motor

bahan api

la gasolina

stesen minyak

la gasolinera

tanda trafik

la señal de tráfico

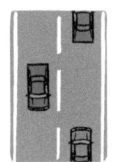

trafik

el tráfico

kesesakan lalu lintas

el atasco

tempat parkir

el aparcamiento

stesen kereta api

la estación de tren

trek

las vías

kereta api

el tren

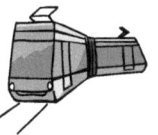

trem

el tranvía

gerabak

el vagón

helikopter

el helicóptero

lapangan terbang

el aeropuerto

Menara

la torre

penumpang

el pasajero

bekas

el contenedor

kadbod

la caja de cartón

kart

la carretilla

bakul

la cesta

berlepas / mendarat

despegar / aterrizar

bandar

la ciudad

kampung

el pueblo

pusat bandar

el centro de la ciudad

rumah

la casa

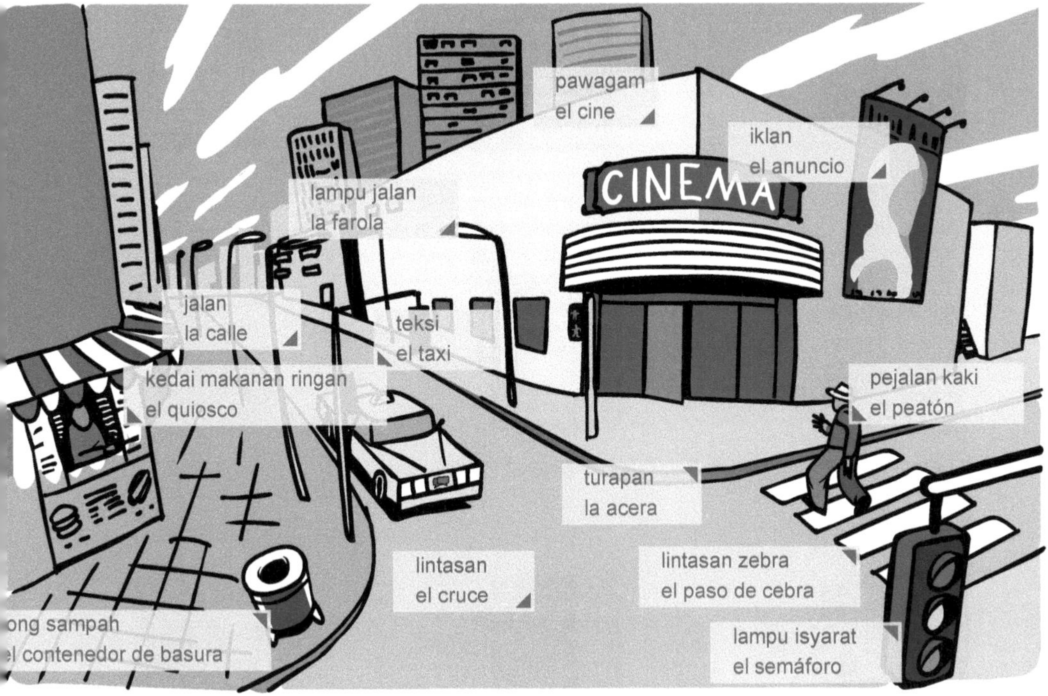

pawagam
el cine

iklan
el anuncio

lampu jalan
la farola

CINEMA

jalan
la calle

teksi
el taxi

kedai makanan ringan
el quiosco

pejalan kaki
el peatón

turapan
la acera

lintasan
el cruce

lintasan zebra
el paso de cebra

ong sampah
l contenedor de basura

lampu isyarat
el semáforo

pondok

la cabaña

flat

el apartamento

stesen kereta api

la estación de tren

dewan bandar

el ayuntamiento

muzium

el museo

sekolah

la escuela

universiti

la universidad

bank

el banco

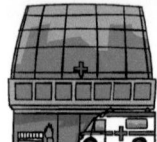

hospital

el hospital

hotel

el hotel

farmasi

la farmacia

pejabat

la oficina

kedai buku

la librería

kedai

la tienda de campaña

kedai bunga

la floristería

pasar raya

el supermercado

pasaran

el mercado

gedung

los grandes almacenes

penjual ikan

la pescadería

pusat membeli-belah

el centro comercial

pelabuhan

el puerto

taman

el parque

tangga

las escaleras

hentian bas

la parada de autobús

peti surat

el buzón

zoo

el zoo

bangku

el banco

bawah tanah

el metro

bar

el bar

papan tanda jalan

el poste indicador

kolam renang

la piscina

jambatan

el puente

terowong

el túnel

restoran

el restaurante

meter parkir

el parquímetro

masjid

la mezquita

ladang

la granja

pencemaran

la contaminación

tanah perkuburan

el cementerio

gereja

la iglesia

taman permainan

el patio de juego

kuil

el templo

landskap

el paisaje

daun
la hoja

tiang tanda
la señal

jalan
el camino

padang rumput
el prado

batu
la piedra

pejalan kaki
el excursionista

pokok
el árbol

sungai
el río

rumput
la hierba

bunga
la flor

lembah

el valle

bukit

la colina

tasik

el lago

hutan

el bosque

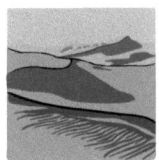

padang pasir

el desierto

gunung berapi

el volcán

istana

el castillo

pelangi

el arcoíris

cendawan

el champiñón

pokok kelapa sawit

la palmera

nyamuk

el mosquito

terbang

la mosca

semut

la hormiga

lebah

la abeja

labah-labah

la araña

kumbang

el escarabajo

katak

la rana

tupai

la ardilla

landak

el erizo

arnab

la liebre

burung hantu

la lechuza

burung

el pájaro

angsa

el cisne

babi jantan

el jabalí

rusa

el ciervo

moose

el alce

empangan

la presa

turbin angin

la turbina eólica

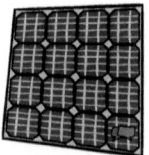

panel solar

el panel solar

iklim

el clima

restoran
el restaurante

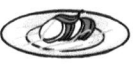

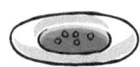

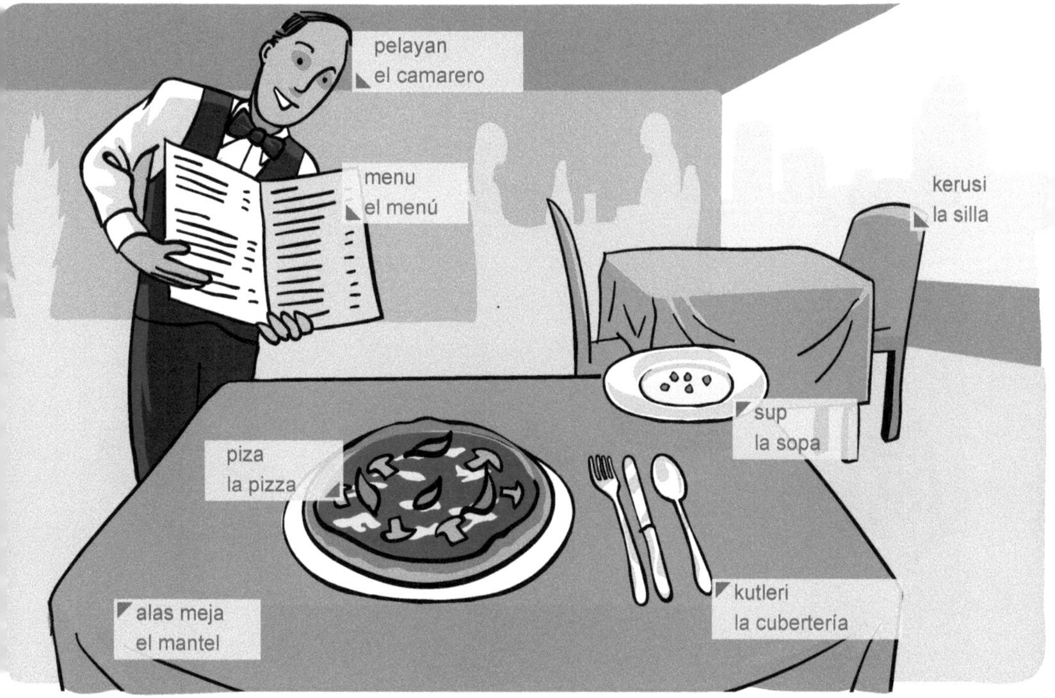
pelayan
el camarero
menu
el menú
kerusi
la silla
sup
la sopa
piza
la pizza
alas meja
el mantel
kutleri
la cubertería

pemula

el primer plato

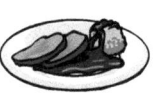

hidangan utama

el plato principal

pencuci mulut

el postre

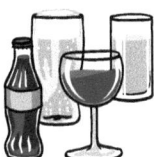

minuman

las bebidas

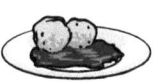

makanan

la comida

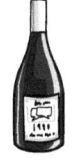

botol

la botella

makanan segera

la comida rápida

makanan jalanan

la comida callejera

teko

la tetera

mangkuk gula

el azucarero

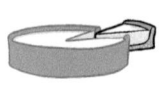

bahagian

la porción

mesin espreso

la cafetera expreso

kerusi tinggi

la trona

bil

la cuenta

dulang

la bandeja

pisau

el cuchillo

garfu

el tenedor

sudu

la cuchara

sudu teh

la cucharilla

serviette

la servilleta

gelas

el vaso

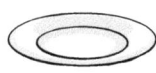

pinggan

el plato

mangkuk sup

el plato hondo

piring

el platillo

sos

la salsa

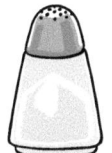

tempat garam

el salero

pengisar lada

el molinillo de pimienta

cuka

el vinagre

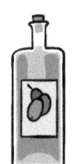

minyak

el aceite

rempah

las especias

sos

el ketchup

mustard

la mostaza

mayones

la mayonesa

pasar raya

el supermercado

tawaran istimewa
la oferta especial
pelanggan
el cliente
tenusu
los lácteos
buah-buahan
la fruta
troli
el carro de compra
FOR

BUTCHERS

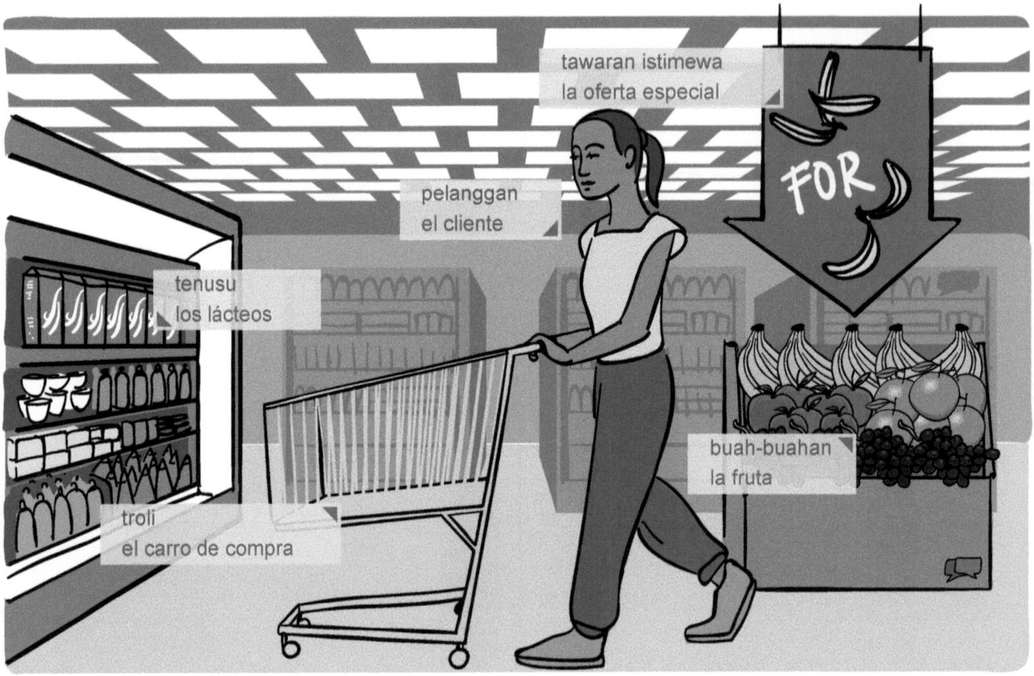

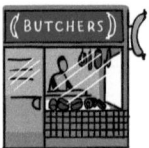

tukang daging

la carniceria

BAKERY

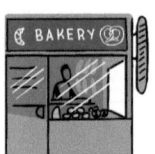

kedai roti

la panadería

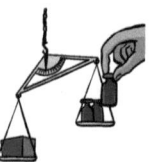

berat

pesar

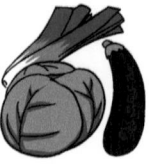

sayur-sayuran

las verduras

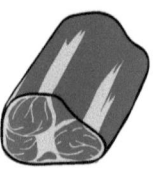

daging

la carne

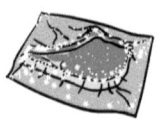

makanan sejuk beku

los alimentos congelados

daging sejuk

los fiambres

makanan dalam tin

las conservas

serbuk pencuci

el detergente en polvo

gula-gula

los dulces

produk isi rumah

productos de uso doméstico

produk pembersihan

productos de limpieza

orang jualan

la vendedora

daftar tunai

la caja de cartón

juruwang

el cajero

senarai membeli-belah

la lista de la compra

waktu pembukaan

el horario de atención al público

beg duit

la cartera

kad kredit

la tarjeta de crédito

beg

la bolsa de plástico

beg plastik

la bolsa de plástico

las bebidas

air
....
el agua

jus
....
el zumo

susu
....
la leche

kola
....
la cola

wain
....
el vino

bir
....
la cerveza

alkohol
....
el alcohol

koko
....
el cacao

the
....
el té

kopi
....
el café

espreso
....
el expreso

kapucino
....
el capuchino

pisang

el plátano

epal

la manzana

oren

la naranja

tembikai

el melón

lemon

el limón

lobak merah

la zanahoria

bawang putih

el ajo

buluh

el bambú

bawang

la cebolla

cendawan

el champiñón

kacang

las avellanas

mi

los fideos

spageti

las espagueti

nasi

el arroz

salad

la ensalada

kerepek

las patatas fritas

kentang goreng

las patatas fritas

piza

la pizza

hamburger

la hamburguesa

sandwic

el sándwich

kutlet

el filete

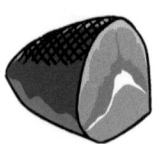

ham

el jamón

salami

le salami

sosej

la salchicha

ayam

el pollo

panggang

el asado

ikan

el pescado

bubur oat

los copos de avena

muesli

el muesli

emping jagung

los copos de maíz

tepung

la harina

kroisan

el cruasán

roti roll

el panecillo

roti

el pan

roti bakar

la tostada

biskut

las galletas

mentega

la mantequilla

dadih

la cuajada

kek

el pastel

telur

el huevo

telur goreng

el huevo frito

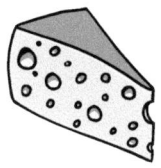

keju

el queso

ais krim

el helado

gula

el azúcar

madu

la miel

jem

la mermelada

krim nougat

la crema de turrón

kari

el curry

ladang
la granja

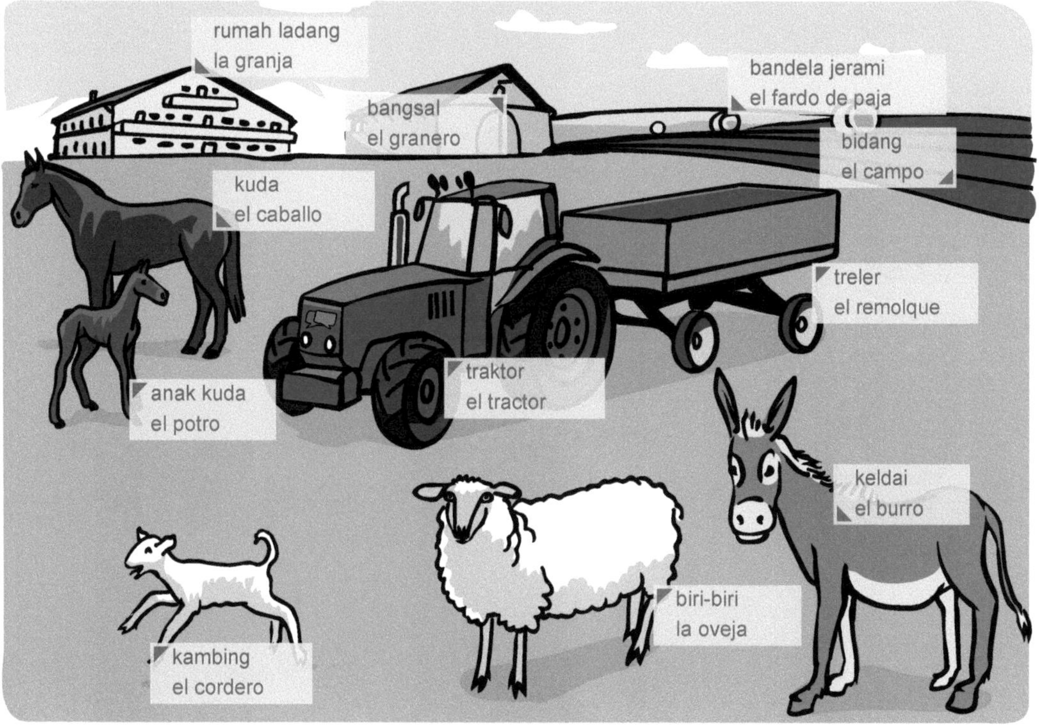
rumah ladang
la granja
bandela jerami
el fardo de paja
bangsal
el granero
bidang
el campo
kuda
el caballo
treler
el remolque
traktor
el tractor
anak kuda
el potro
keldai
el burro
biri-biri
la oveja
kambing
el cordero

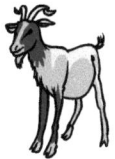

kambing
la cabra

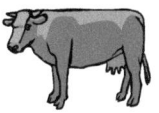

lembu
la vaca

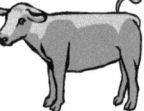

anak lembu
el ternero

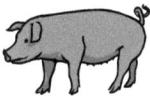

babi
el cerdo

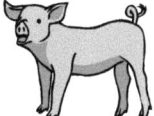

anak babi
el cerdito

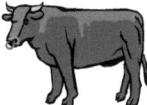

lembu
el toro

angsa

el ganso

itik

el pato

anak ayam

el pollo

ayam betina

la gallina

ayam jantan muda

el gallo

tikus

la rata

kucing

el gato

tikus

el ratón

lembu jantan

el buey

anjing

el perro

rumah anjing

la perrera

hos taman

la manguera

bekas siraman

la regadera

sabit

la guadaña

bajak

el arado

sabit

la hoz

cangkul

la azada

serampang peladang

la horca

kapak

el hacha

kereta sorong

la carretilla

palung

el abrevadero

tin susu

la lechera

karung

el saco

pagar

la valla

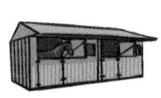

stabil

el establo

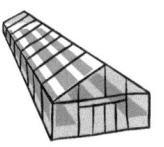

rumah hijau

el invernadero

tanah

el suelo

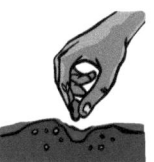

benih

la semilla

baja

el fertilizador

jentuai

la cosechadora

tuai

cosechar

menuai

la cosecha

keladi

el ñame

gandum

el trigo

soya

el soja

kentang

la patata

jagung

el maíz

biji sawi

la semilla de colza

pokok buah-buahan

el árbol frutal

ubi kayu

la mandioca

bijirin

las cereales

rumah
la casa

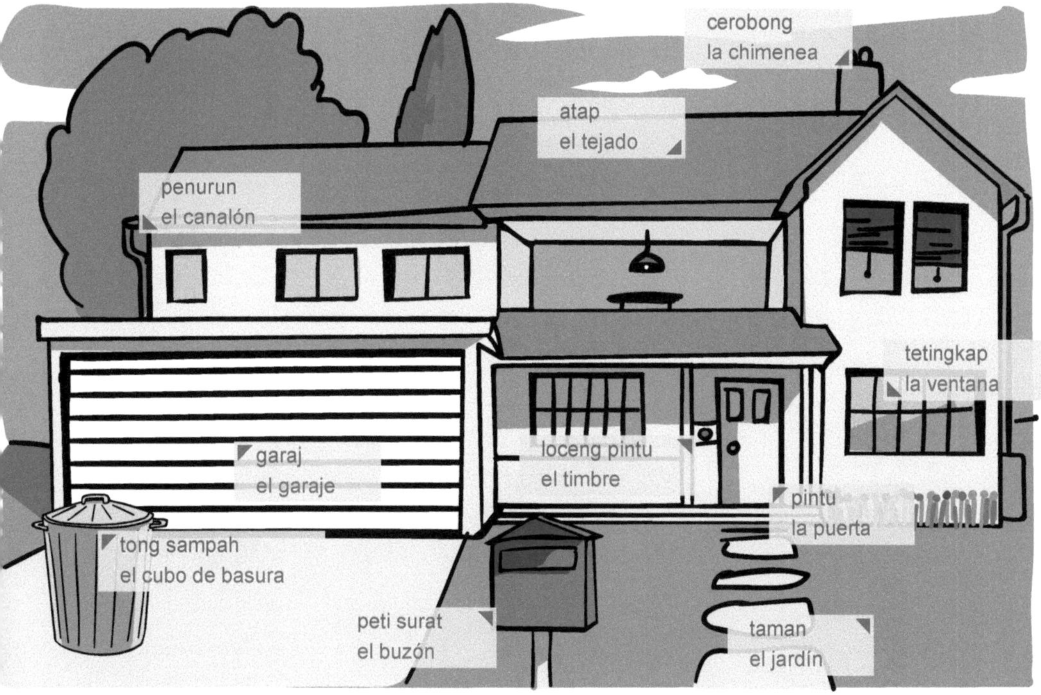
cerobong
la chimenea
atap
el tejado
penurun
el canalón
tetingkap
la ventana
garaj
el garaje
loceng pintu
el timbre
pintu
la puerta
tong sampah
el cubo de basura
peti surat
el buzón
taman
el jardín

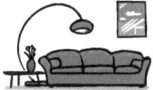

ruang tamu

la sala

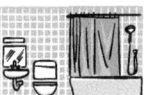

bilik air

el cuarto de baño

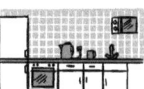

dapur

la cocina

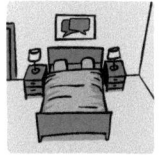

bilik tidur

el dormitorio

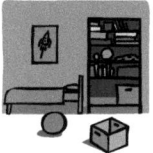

bilik kanak-kanak

la habitación de los niños

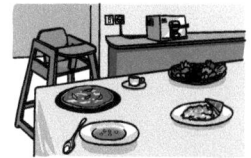

ruang makan

el comedor

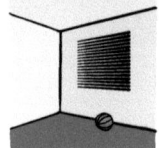

lantai
el suelo

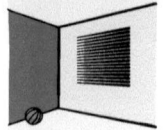

dinding
la pared

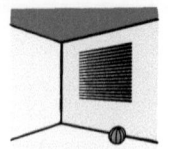

siling
el techo

bilik bawah tanah
el sótano

sauna
la sauna

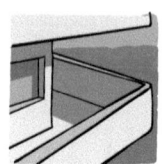

balkoni
el balcón

teres
la terraza

kolam renang
la piscina

pemotong rumput
el cortacésped

lembaran
la sábana

penutup tilam
la colcha

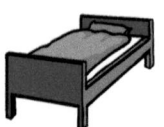

katil
la cama

penyapu
la escoba

timba
el balde

suis
el interruptor

ruang tamu
la sala

kertas dinding
el papel pintado
gambar
la imagen
lampu
la lámpara
rak
el estante
kabinet
el armario
televisyen
la televisión
pendiangan
la chimenea
bunga
la flor
kusyen
el cojín
sofa
el sofá
pasu
el jarrón
alat kawalan jauh
el mando a distancia

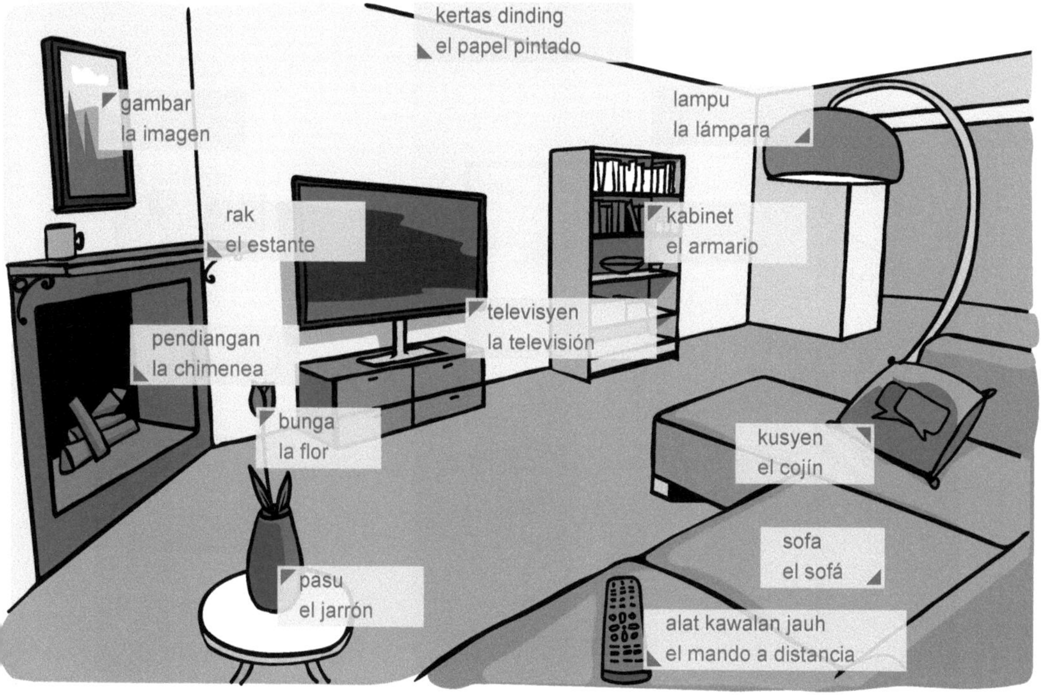

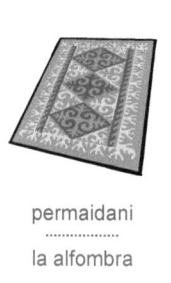

permaidani

la alfombra

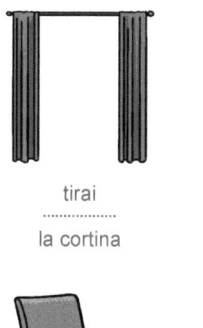

tirai

la cortina

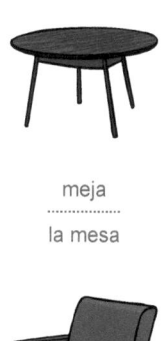

meja

la mesa

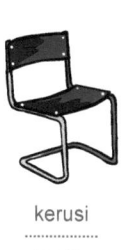

kerusi

la silla

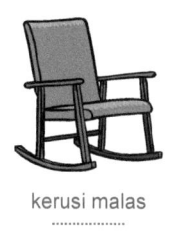

kerusi malas

el mecedora

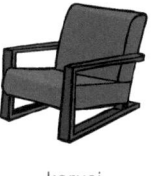

kerusi

la butaca

buku

el libro

selimut

la manta

hiasan

la decoración

kayu api

la leña

filem

la película

hi-fi

el equipo de música

kunci

la llave

akhbar

el periódico

lukisan

la pintura

poster

el póster

radio

la radio

buku catatan

el cuaderno

penyedut habuk

la aspiradora

kaktus

el cactus

lilin

la vela

dapur
la cocina

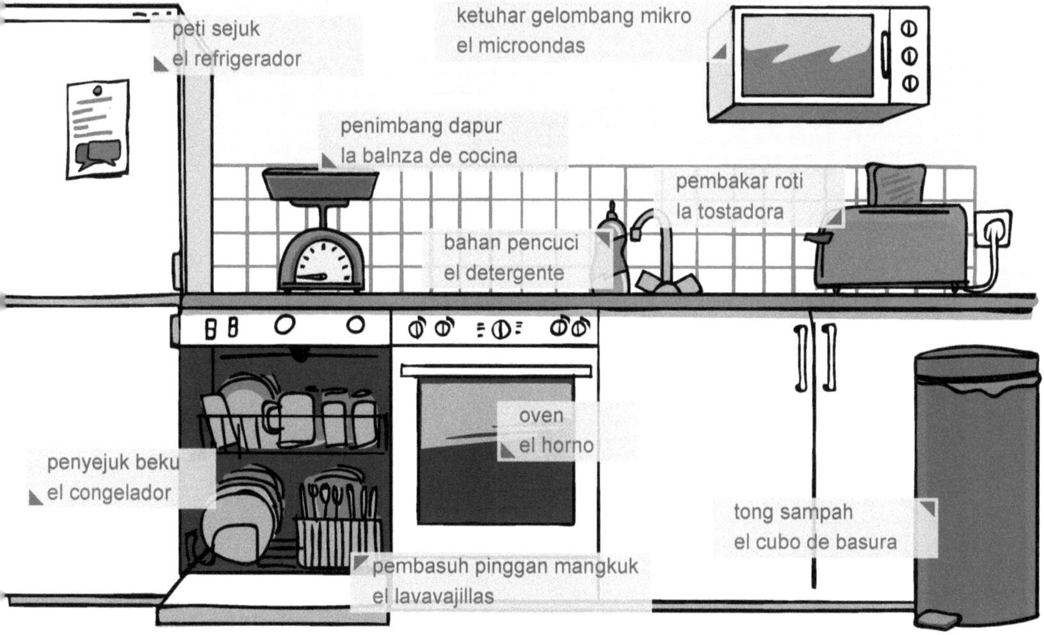
peti sejuk
el refrigerador
ketuhar gelombang mikro
el microondas
penimbang dapur
la balnza de cocina
pembakar roti
la tostadora
bahan pencuci
el detergente
oven
el horno
penyejuk beku
el congelador
tong sampah
el cubo de basura
pembasuh pinggan mangkuk
el lavavajillas

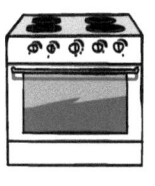

periuk dapur

la olla a presión

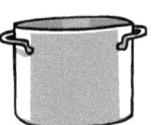

periuk

la olla

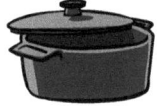

periuk besi

la olla de hierro fundido

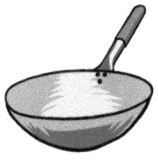

kuali

el wok

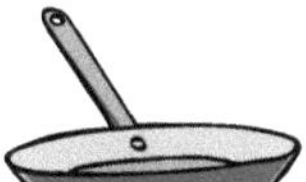

pan

la cazuela

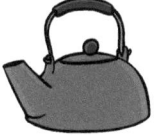

cerek

el hervidor

pengukus

la vaporera

dulang pembakar

la chapa de horno

pinggan mangkuk

la vajilla

koleh

la taza

mangkuk

el tazón

penyepit

los palillos

senduk

el cucharón

spatula

la espumadera

pengadun

el batidor

penapis

el colador

ayak

el cedazo

pemarut

el rallador

mortar

el mortero

barbeku

la barbacoa

pembakaran terbuka

la hoguera

papan pencincang

la tabla de picar

pin golekan

el rodillo

skru gabus

el sacacorchos

tin

la lata

pembuka tin

el abrelatas

pemegang periuk

el agarrador

sinki

el lavabo

berus

el cepillo

span

la esponja

pengisar

la batidora

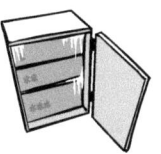

penyejuk beku

el congelador

botol bayi

el biberón

paip

el grifo

bilik air
el cuarto de baño

pemanasan
la calefacción
mandi
la ducha
tuala
la toalla
tirai mandi
la cortina de la ducha
mandi buih
el baño de espuma
tab mandi
la bañera
gelas
el vaso
mesin basuh
la lavadora
paip
el grifo
jubin
las baldosas
tandas
el orinal
sinki
el lavabo

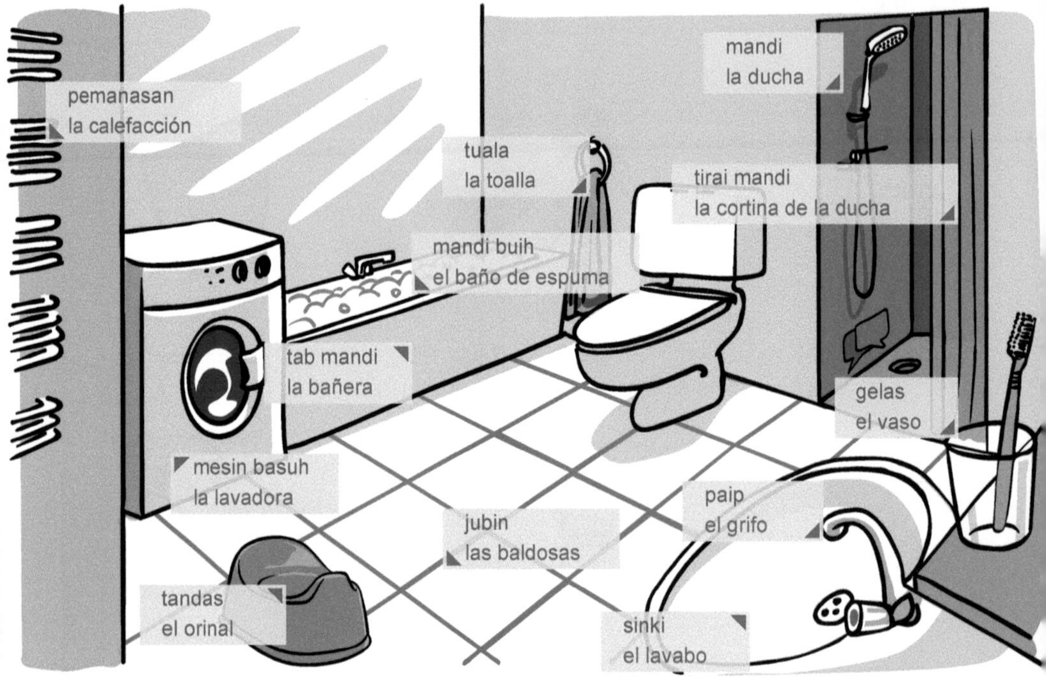

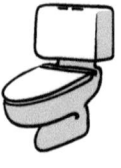

tandas
el inodoro

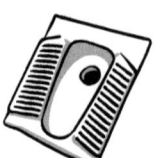

tandas mencangkung
el inodoro rústico

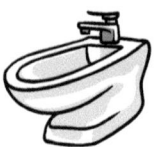

mangkuk tandas
el bidé

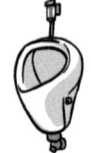

tandas awam
el urinario

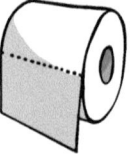

kertas tandas
el papel higiénico

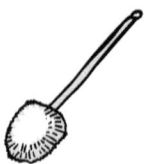

berus tandas
la escobilla del váter

berus gigi

el cepillo de dientes

ubat gigi

la pasta de dientes

flos gigi

el hilo dental

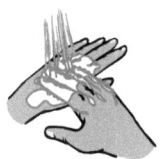

cuci

lavar

mandian tangan

la ducha de mano

pancuran

la ducha íntima

besen

la pila

belakang berus

el cepillo de espalda

sabun

el jabón

gel mandian

el gel de ducha

syampu

el champú

flanel

la toallita

longkang

el desagüe

krim

la crema

deodoran

el desodorante

cermin

el espejo

cermin tangan

el espejo de tocador

pisau cukur

la maquinilla de afeitar

busa cukur

la espuma de afeitar

selepas cukur

la loción postafeitado

sikat

el peine

berus

el cepillo

pengering rambut

el secador

semburan rambut

la laca

mekap

el maquillaje

gincu

el pintalabios

varnis kuku

el pintauñas

bulu kapas

el algodón

gunting kuku

el cortauñas

pewangi

el perfume

beg basuhan

el estuche de viaje

bangku

la banqueta

skala berat

la balanza

jubah mandi

el albornoz

sarung tangan getah

los guantes de goma

kapas

el tampón

tuala wanita

la compresa

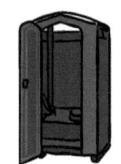

tandas kimia

el inodoro químico

bilik kanak-kanak

la habitación de los niños

jam loceng
el despertador
mainan kegemaran
el peluche
kereta mainan
el coche de juguete
kerincing bayi
el sonajero
rumah anak patung
la casa de muñecas
hadiah
el regalo

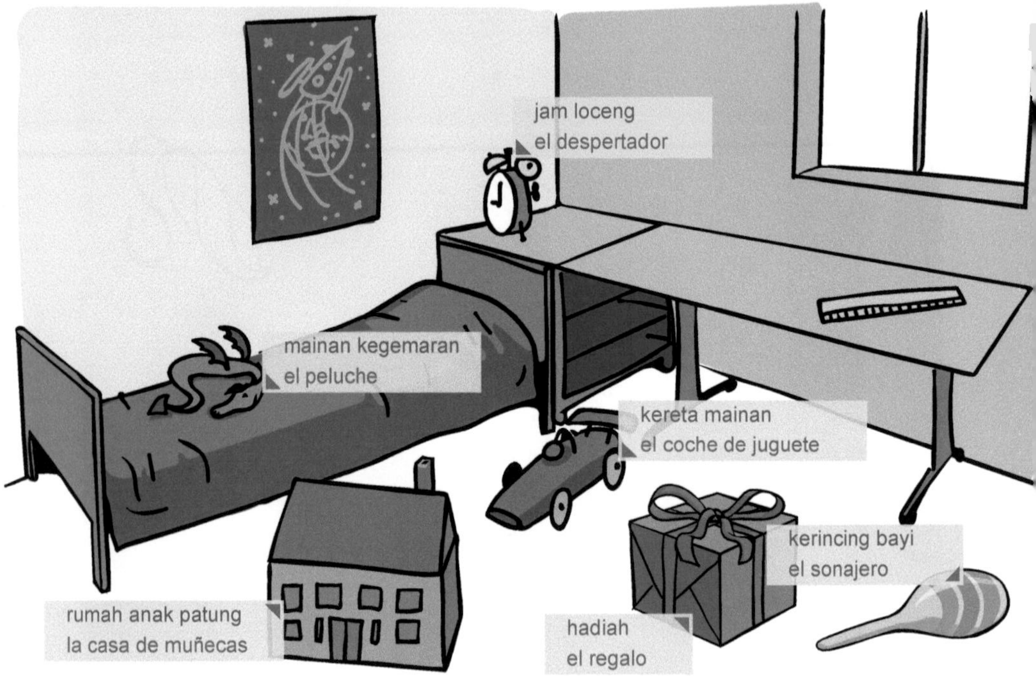

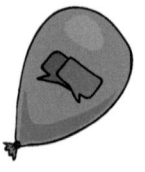

belon

el globo

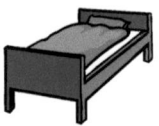

katil

la cama

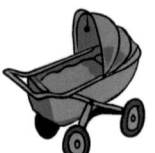

kereta sorong bayi

el coche de niño

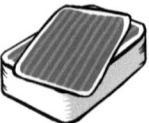

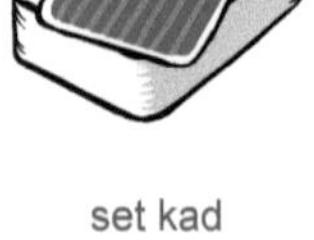

set kad

los naipes

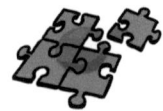

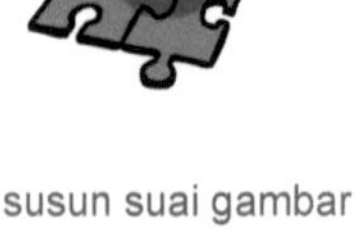

susun suai gambar

el puzle

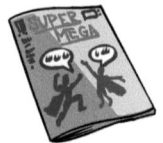

komik

el tebeo

batu bata lego

las piezas de lego

blok mainan

los bloques de juguete

figura aksi

la figura de acción

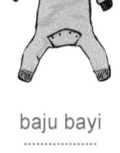

baju bayi

el bodi (de bebé)

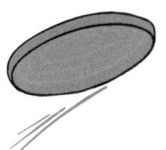

frisbee

el frisbee

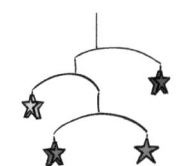

mainan bayi mudah alih

el colgador móvil para bebés

permainan papan

el juego de mesa

dadu

los dados

set model kereta api

el circuito de tren eléctrico

palsu

el maniquí

parti

la fiesta

buku bergambar

el álbum de fotos

bola

la pelota

anak patung

la muñeca

main

jugar

lubang pasir

el cajón de arena

buai

el columpio

mainan

los juguetes

konsol permainan video

la videoconsola

basikal roda tiga

el triciclo

anak patung beruang

el oso de peluche

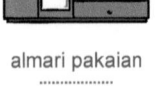

almari pakaian

la guardarropa

pakaian

la ropa

stoking

los calcetines

stoking

las medias

ketat

los leotardos

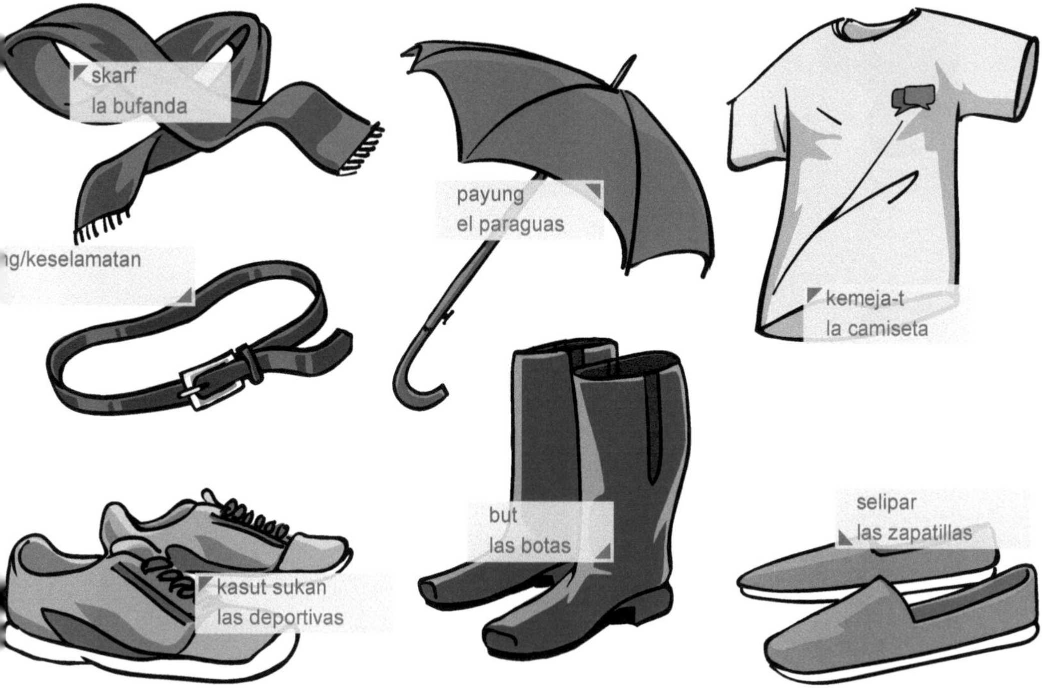

skarf
la bufanda

payung
el paraguas

kemeja-t
la camiseta

...ng/keselamatan

but
las botas

selipar
las zapatillas

kasut sukan
las deportivas

sandal
....
las sandalias

kasut
....
los zapatos

but getah
....
las botas de goma

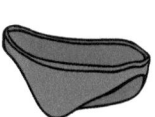

seluar dalam
....
el slip

coli
....
el sostén

ves
....
el chaleco

badan

el bodi

Seluar panjang

los pantalones cortos

jean

los vaqueros

skirt

la falda

blaus

la blusa

kemeja

la camisa

baju panas sarung

el jersey

sweater

el suéter

blazer

el blazer

jaket

la chaqueta

kot

el abrigo

baju hujan

la gabardina

kostum

el traje

pakaian

el vestido

baju pengantin

el vestido de novia

sut
el traje

baju tidur
el camisón

baju tidur
el pijama

sari
el sati

skarf kepala
el bandana

serban
el turbante

burqa
la burka

kaftan
el caftán

abaya/jubah
la abaya

baju renang
el traje de baño

seluar renang
el bañador

seluar pendek
los pantalones cortos

sut balapan
el chándal

apron
el delantal

sarung tangan
los guantes

butang

el botón

cermin mata

las gafas

gelang tangan

el brazalete

rantai leher

el collar

cincin

el anillo

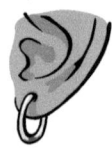

subang

el pendiente

topi

la gorra

penyangkut kot

la percha

topi

el sombrero

tali leher

la corbata

zip

la cremallera

topi keledar

el casco

pendakap

los tirantes

uniform sekolah

el uniforme

seragam

el uniforme

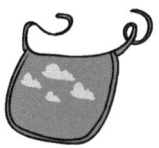

lapik dada

el babero

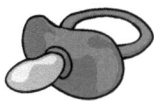

palsu

el maniquí

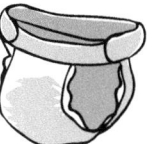

lampin

el pañal

pejabat

la oficina

pelayan
el servidor
kabinet fail
el archivo
kertas
el papel
mesin pencetak
la impresora
monitor
el monitor
tetikus
el ratón
meja
el escritoria
folder
la carpeta
papan kekunci
el teclado
bakul sampah
la papelera
komputer
el ordenador
kerusi
la silla

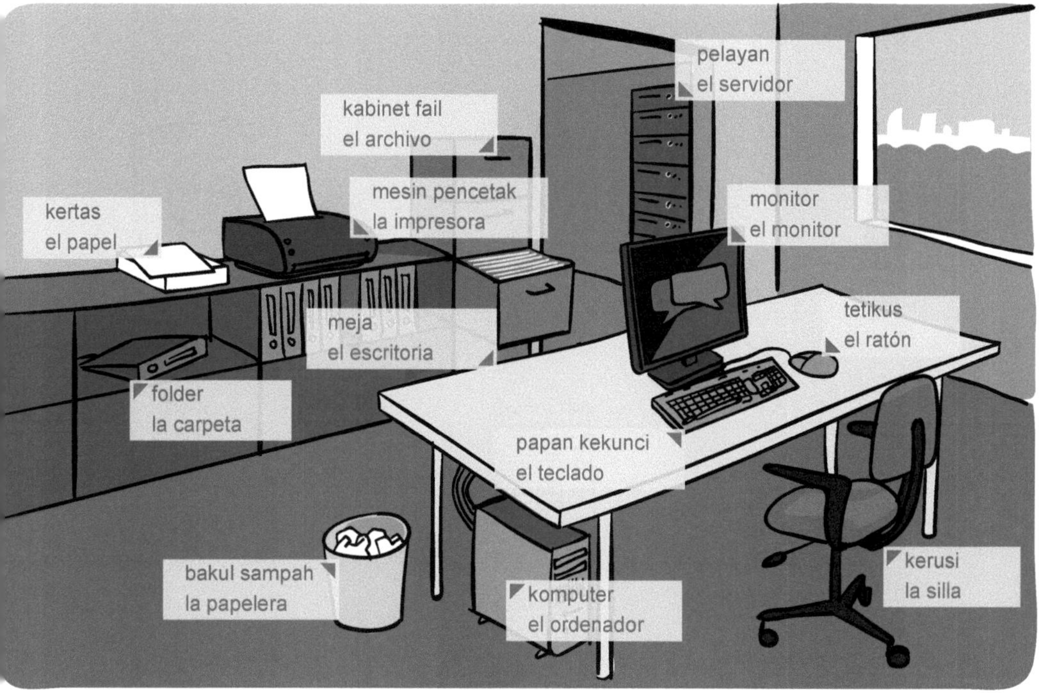

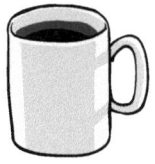

cawan kopi

la taza de café

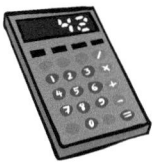

kalkulator

la calculadora

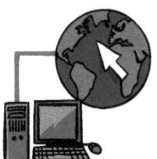

internet

el internet

komputer riba

el portátil

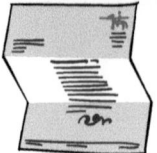

surat

la carta

mesej

el mensaje

mudah alih

el móvil

rangkaian

la red

mesin fotokopi

la fotocopiadora

perisian

el software

telefon

el teléfono

soket plag

la toma de corriente

mesin faks

el fax

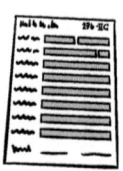

bentuk

el formulario

dokumen

el documento

beli

comprar

bayar

pagar

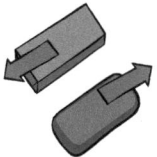

berdagang

comerciar

wang

el dinero

dolar

el dólar

euro

el euro

yen

el yen

rubel

el rublo

franc swiss

el franco suizo

renminbi yuan

el renminbi yuan

rupee

la rupia

mata tunai

el cajero automático

pejabat tukaran mata wang

la oficina de cambio de divisas

emas

el oro

perak

la plata

minyak

el petróleo

tenaga

la energía

harga

el precio

kontrak

el contrato

cukai

el impuesto

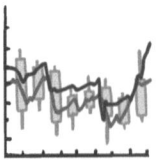

stok

la acción

kerja

trabajar

pekerja

el empleador

majikan

el empleador

kilang

la fábrica

kedai

la tienda de campaña

pekerjaan
los oficios

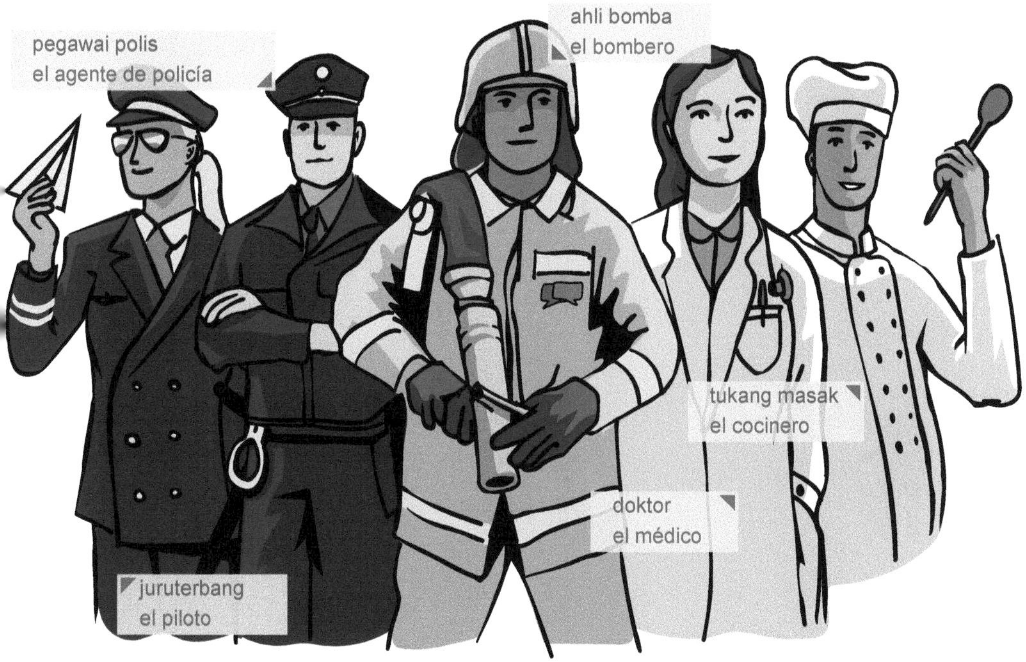

pegawai polis
el agente de policía
ahli bomba
el bombero
tukang masak
el cocinero
doktor
el médico
juruterbang
el piloto

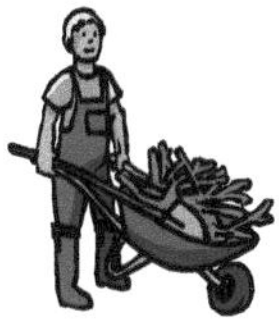

tukang kebun

el jardinero

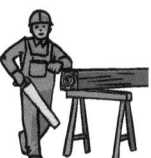

tukang kayu

el carpintero

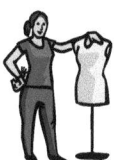

tukang jahit

la costurera

hakim

el juez

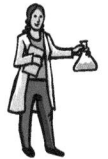

ahli kimia

el farmacéutico

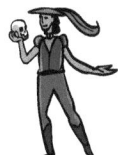

pelakon

el actor

pemandu bas

el conductor de autobús

pemandu teksi

el taxista

nelayan

el pescador

wanita pencuci

la señora de la limpieza

kasau

el techador

pelayan

el camarero

pemburu

el cazador

pelukis

el pintor

bakeri

el panadero

juruelektrik

el electricista

pembangun

el obrero

jurutera

el ingeniero

penjual daging

el carnicero

tukang paip

el fontanero

posmen

el cartero

askar

el soldado

arkitek

el arquitecto

juruwang

el cajero

kedai bunga

el florista

pendandan rambut

el peluquero

konduktor

el revisor

mekanik

el mecánico

kapten

el capitán

doktor gigi

el dentista

ahli sains

el científico

tuhanku

el rabino

imam

el imán

sami

el monje

paderi

el sacerdote

alat
las herramientas

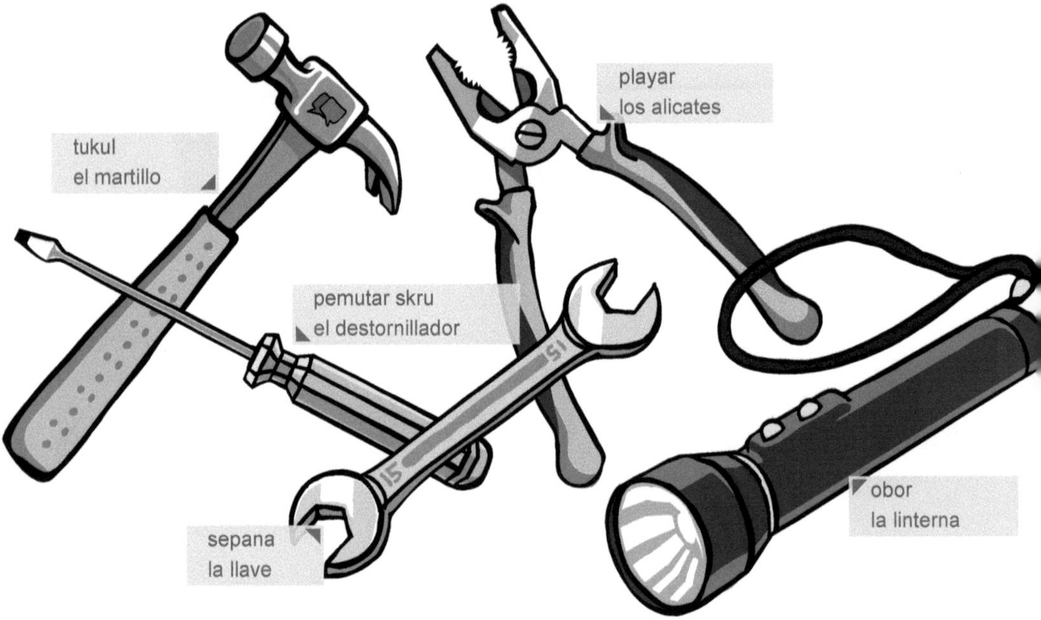
tukul
el martillo
playar
los alicates
pemutar skru
el destornillador
obor
la linterna
sepana
la llave

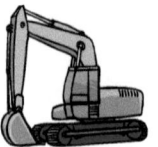

pengorek

la excavadora

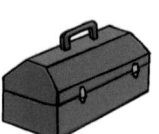

kotak peralatan

la caja de herramientas

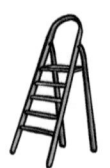

tangga

la escalera de mano

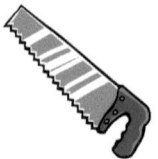

gergaji

la sierra

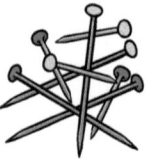

kuku

los clavos

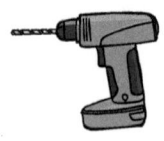

gerudi

el taladro

baiki

reparar

penyodok

la pala

Celaka!

¡Maldita sea!

penadah sampah

el recogedor

periuk cat

el bote de pintura

skru

los tornillos

alat muzik
los instrumentos musicales

perangkat dram
la batería

pembesar suara
el altavoz

gitar
la guitarra

bass berganda
el contrabajo

trompet
la trompeta

piano
....
el piano

biola
....
el violín

bass
....
bajo

timpani
....
los timbales

dram
....
el tambor

papan kekunci
....
el teclado

saksofon
....
el saxofón

seruling
....
la flauta

mikrofon
....
el micrófono

zoo

el zoo

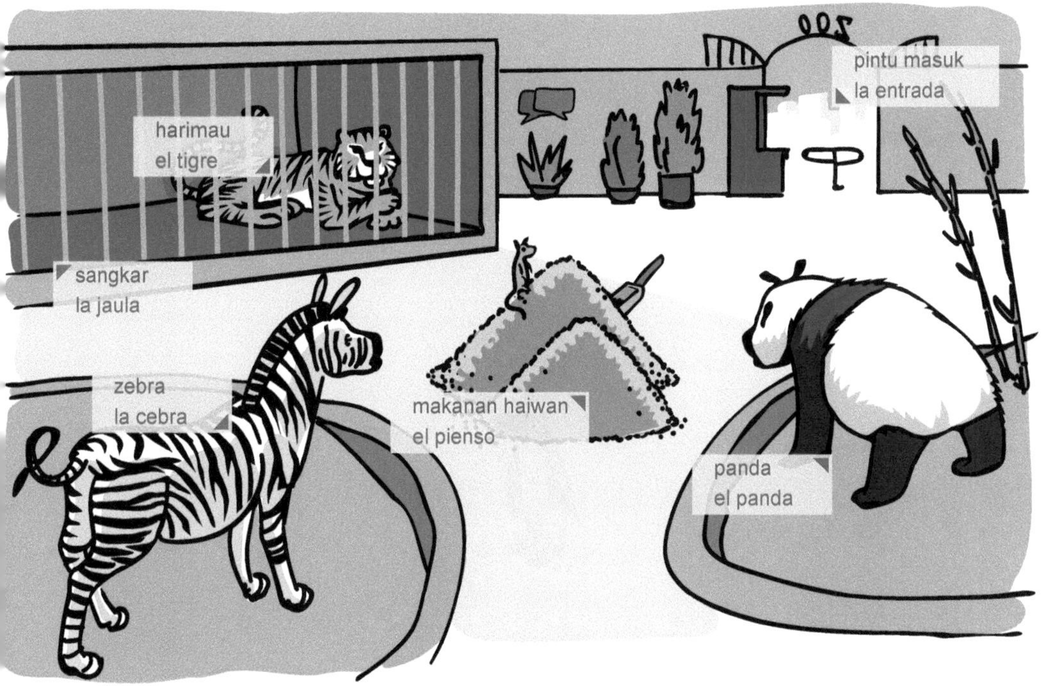

pintu masuk
la entrada
harimau
el tigre
sangkar
la jaula
zebra
la cebra
makanan haiwan
el pienso
panda
el panda

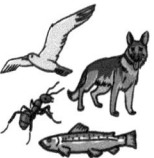

haiwan

los animales

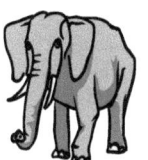

gajah

el elefante

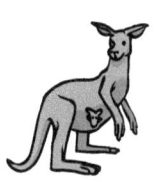

kanggaru

el canguro

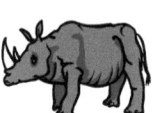

badak sumbu

el rinoceronte

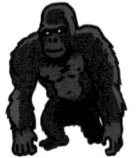

gorila

el gorila

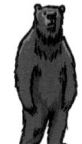

beruang

el oso

unta

el camello

burung unta

el avestruz

singa

el león

monyet

el mono

flamingo

el flamingo

nuri

el loro

beruang kutub

el oso polar

penguin

el pingüino

yu

el tiburón

merak

el pavo real

ular

la serpiente

buaya

el cocodrilo

penjaga zoo

el guardián de zoológico

anjing laut

la foca

jaguar

el jaguar

kuda

el poni

harimau

el leopardo

badak air

el hipopótamo

zirafah

la jirafa

helang

el águila

babi jantan

el jabalí

ikan

el pescado

penyu

la tortuga

anjing laut

la morsa

musang

el zorro

rusa

la gacela

bola sepak Amerika
el fútbol americano

berbasikal
el ciclismo

tenis
el tenis

bola keranjang
el baloncesto

renang
la natación

hoki ais
el hockey sobre hielo

tinju
el boxeo

bola sepak
el fútbol

badminton
el bádminton

olahraga
el atletismo

bola baling
el balonmano

ski
el esquí

polo
el polo

aktiviti
las actividades

ketawa
reír
lompat
saltar
peluk
abrazar
berjalan
caminar
menyanyi
cantar
mimpi
soñar
berdoa
rezar
cium
besar

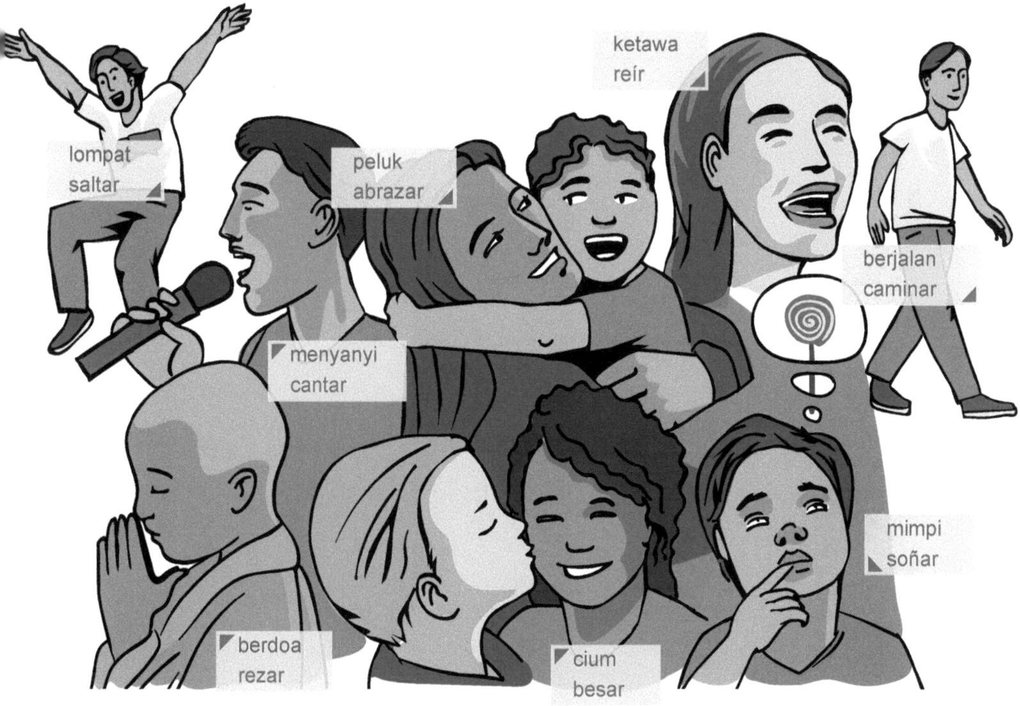

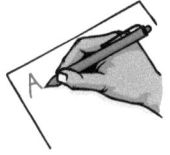

tulis

escribir

lukis

dibujar

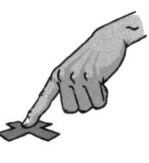

tunjuk

mostrar

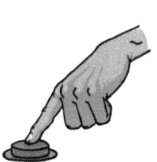

tolak

empujar

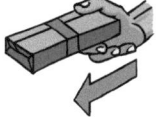

beri

dar

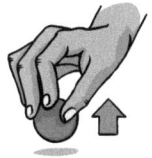

ambil

tomar

ada
....
tener

buat
....
hacer

ialah
....
ser

berdiri
....
estar de pie

lari
....
correr

tarik
....
tirar

buang
....
tirar

jatuh
....
caer

tipu
....
yacer

tunggu
....
esperar

bawa
....
llevar

duduk
....
estar sentado

pakai
....
vestirse

tidur
....
dormir

bangkit
....
despertar

lihat pada

mirar

menangis

llorar

strok

acariciar

sikat

peinar

cakap

hablar

faham

entender

tanya

preguntar

dengar

escuchar

minum

beber

makan

comer

mengemas

ordenar

sayang

amar

masak

cocinar

pandu

conducir

terbang

volar

belayar

navegar

kira

calcular

baca

leer

belajar

aprender

kerja

trabajar

nikah

casarse

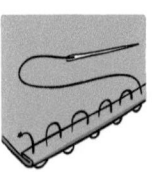

jahit

coser

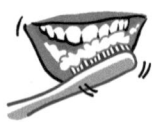

memberus gigi

cepillarse los dientes

bunuh

matar

asap

fumar

hantar

enviar

nenek
la abuela

datuk
el abuelo

bapa
el padre

ibu
la madre

bayi
el bebé

anak perempuan
la hija

anak lelaki
el hijo

tetamu

el invitado

mak cik

la tía

pak cik

el tío

abang

el hermano

kakak

la hermana

el cuerpo

dahi
la frente

mata
el ojo

bahu
el hombro

jari
el dedo

muka
la cara

dagu
la barbilla

tangan
la mano

dada
el pecho

kaki
la pierna

lengan
el brazo

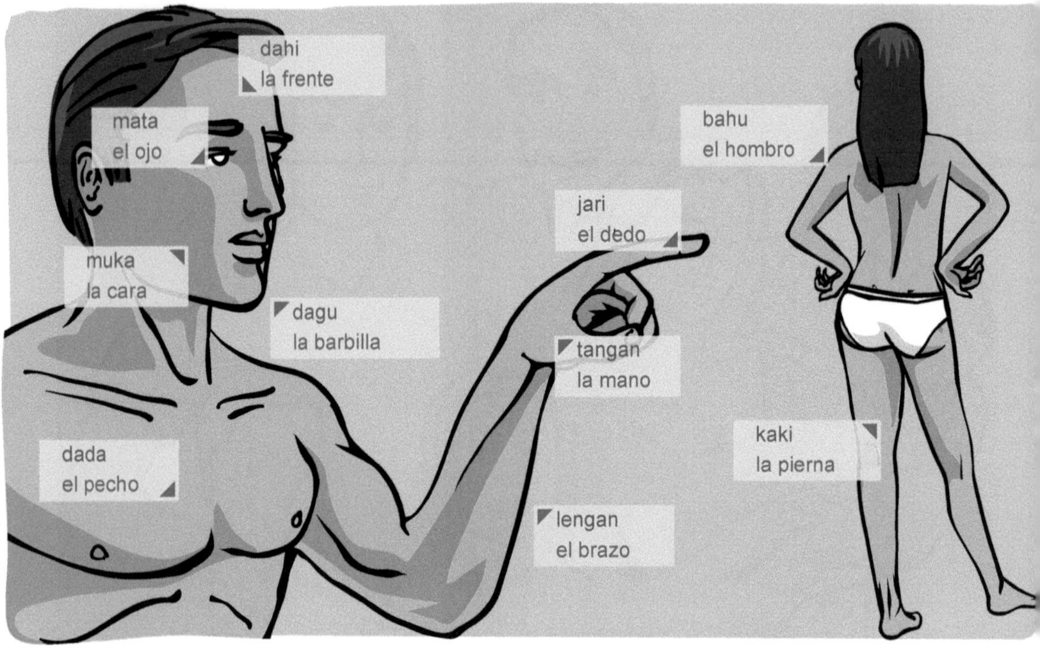

bayi

el bebé

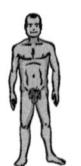

lelaki

el hombre

wanita

la mujer

perempuan

la chica

lelaki

el chico

kepala

la cabeza

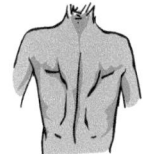

belakang

la espalda

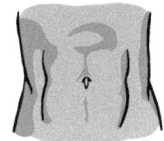

bawah perut

el vientre

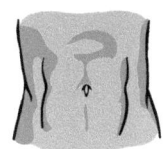

pusat

el ombligo

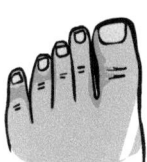

jari kaki

el dedo del pie

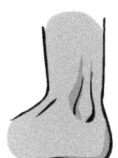

tumit

el talón

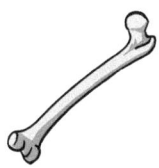

tulang

el hueso

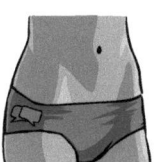

pinggul

la cadera

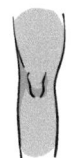

lutut

la rodilla

siku

el codo

hidung

la nariz

bawah

el trasero

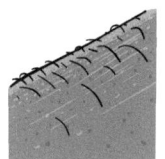

kulit

la piel

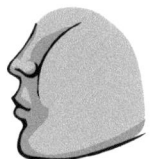

pipi

la mejilla

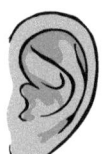

telinga

el oído

bibir

el labio

mulut
la boca

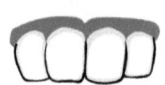

gigi
el diente

lidah
la lengua

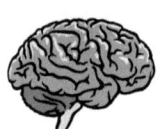

otak
el cerebro

hati
el corazón

otot
el músculo

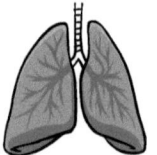

paru-paru
el pulmón

hati
el hígado

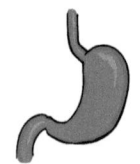

perut
el estómago

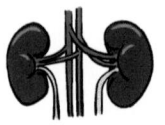

buah pinggang
los riñones

seks
el sexo

kondom
el condón

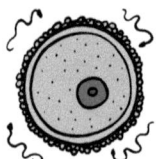

faraj
el ovario

mani
el semen

mengandung
el embarazo

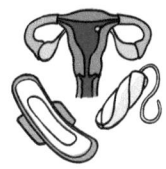

haid
....
la menstruación

faraj
....
la vagina

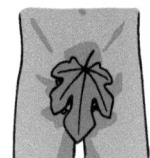

penis
....
el pene

kening
....
la ceja

rambut
....
el pelo

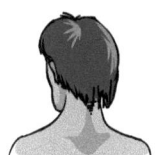

leher
....
el cuello

hospital
el hospital

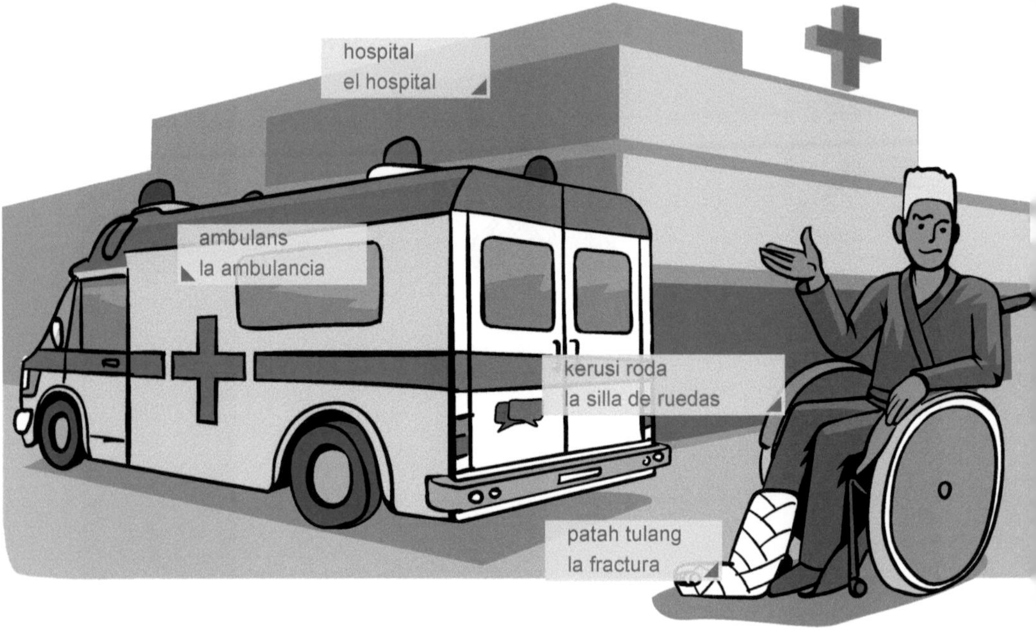

hospital
el hospital
ambulans
la ambulancia
kerusi roda
la silla de ruedas
patah tulang
la fractura

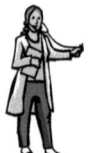

doktor

el médico

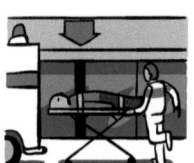

bilik kecemasan

la sala de urgencias

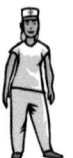

jururawat

la enfermera

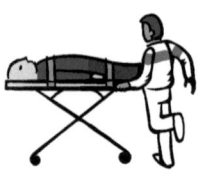

kecemasan

la urgencia

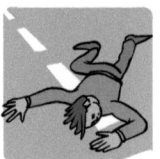

tak sedar

inconsciente

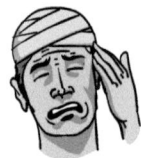

sakit

el dolor

kecederaan

la lesión

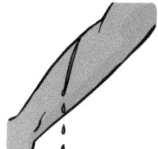

pendarahan

la hemorragia

serangan jantung

el infarto

strok

el ictus

alergi

la alergia

batuk

la tos

demam

la fiebre

selesema

la gripe

cirit-birit

la diarrea

sakit kepala

el dolor de cabeza

kanser

el cáncer

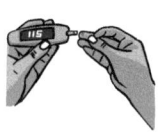

diabetes

la diabetes

pakar bedah

el cirujano

pisau bedah

el bisturí

pembedahan

la operación

CT

TAC

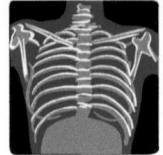

x-ray

los rayos x

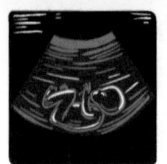

ultrabunyi

el ultrasonido

topeng muka

la mascarilla

penyakit

la enfermedad

bilik menunggu

la sala de espera

penongkat

la muleta

plaster

la tirita

pembalut

la venda

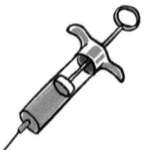

suntikan

la inyección

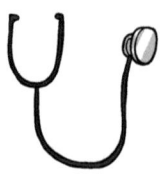

stetoskop

el estetoscopio

pengusung

la camilla

termometer klinik

el termómetro

kelahiran

el nacimiento

berat badan berlebihan

el sobrepeso

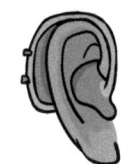

alat pendengaran

el audífono

disinfektan

el desinfectante

jangkitan

la infección

virus

el virus

HIV / AIDS

VIH / SIDA

perubatan

la medicina

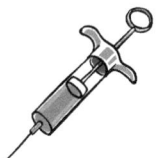

vaksinasi

la vacunación

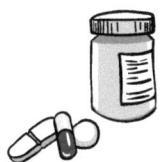

tablet

las tabletas

pil

la pastilla

panggilan kecemasan

la llamada de urgencia

pantau tekanan darah

el tensiómetro

sakit / sihat

enfermo / sano

Tolong!

¡Socorro!

penggera

la alarma

serang

el asalto

serangan

el ataque

bahaya

el peligro

pintu kecemasan

la salida de emergencia

Api!

¡Fuego!

alat pemadam api

el extintor de incendios

kemalangan

el accidente

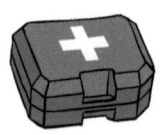

alat pertolongan cemas

el botiquín de primeros
auxilios

SOS

SOS

polis

la policía

Eropah

Europa

Amerika Utara

Norteamérica

Amerika Selatan

Sudamérica

Afrika

África

Asia

Asia

Australia

Australia

Atlantic

el atlántico

Pasifik

el Pacífico

Lautan Hindi

el Océano Índico

Lautan Antartik

el Océano Antártico

Lautan Artik

el Océano Ártico

Kutub utara

el polo norte

Kutub Selatan

el polo sur

Antartika

La Antártida

bumi

la tierra

tanah

la tierra

laut

el mar

pulau

la isla

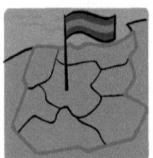

negara

la nación

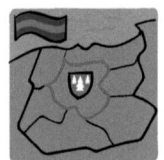

negeri

el estado

muka jam

la esfera

tangan jam

la manecilla de las horas

tangan minit

el minutero

terpakai

el segundero

Jam berapa sekarang

¿Qué hora es?

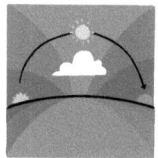

hari

el día

masa

el tiempo

sekarang

ahora

jam digital

el reloj digital

minit

el minuto

jam

la hora

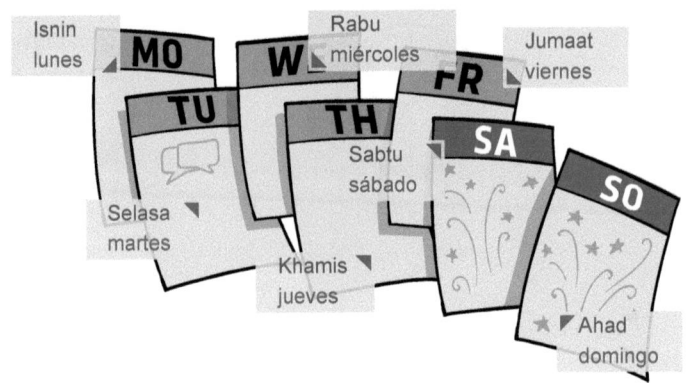

Isnin / lunes — MO
Selasa / martes — TU
Rabu / miércoles — W
Khamis / jueves — TH
Jumaat / viernes — FR
Sabtu / sábado — SA
Ahad / domingo — SO

semalam

ayer

hari ini

hoy

esok

mañana

pagi

la mañana

tengah hari

el mediodía

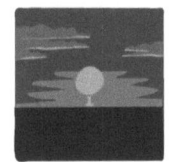

petang

la tarde

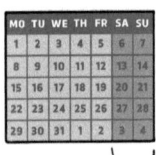

hari kerja

los días laborables

hari minggu

el fin de semana

tahun
el año

hujan
la lluvia
pelangi
el arcoíris
salji
la nieve
angin
el viento
musim bunga
la primavera
musim luruh
el otoño
musim panas
el verano
musim salji
el invierno

4.APRIL 11°
5.APRIL 4°
6.APRIL 13°
7.APRIL 8°
8.APRIL 10°

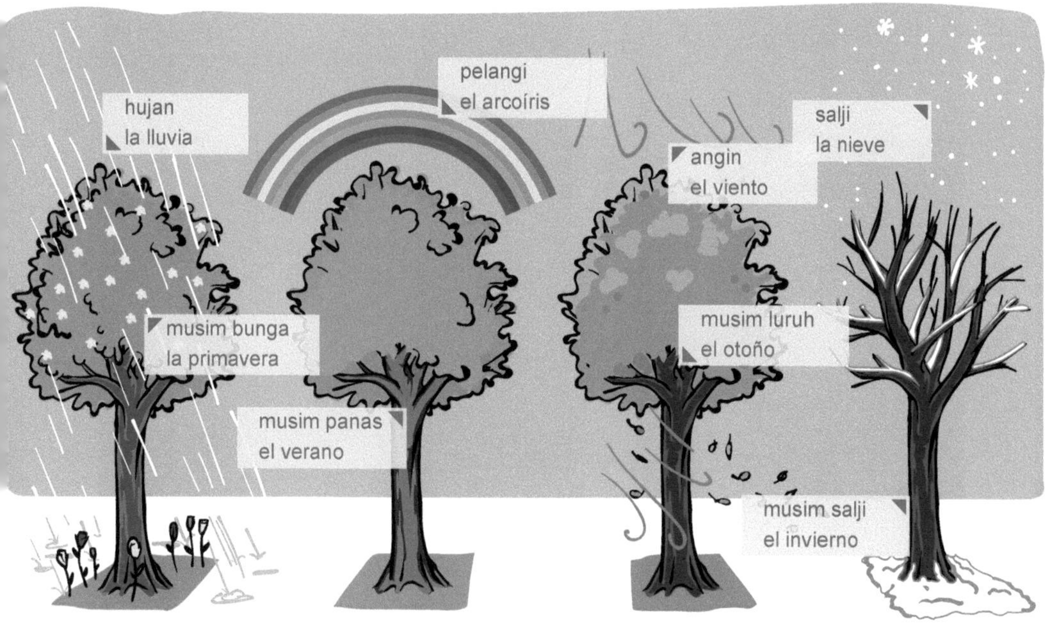

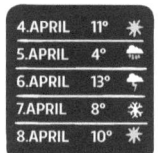

ramalan cuaca

el pronóstico del tiempo

F C
120 40
90 30
60 20
30 10
0 0
-30 -10
-20

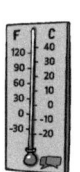

termometer

el termómetro

sinar matahari

el sol

awan

la nube

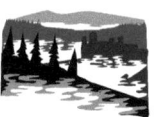

kabus

la niebla

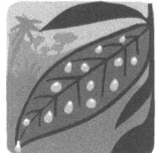

lembapan

la humedad

kilat

el rayo

petir

el trueno

ribut

la tormenta

hujan batu

el granizo

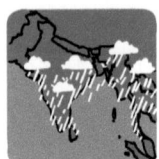

monsun

el monzón

banjir

la inundación

ais

el hielo

Januari

enero

Februari

febrero

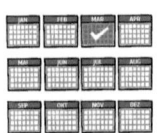

Mac

marzo

April

abril

Mei

mayo

Jun

junio

Julai

julio

Ogos

agosto

tahun - el año

September
....
septiembre

Oktober
....
octubre

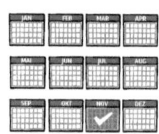

November
....
noviembre

Disember
....
diciembre

bulatan
....
el círculo

petak
....
el cuadrado

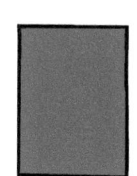

segi empat tepat
....
el rectángulo

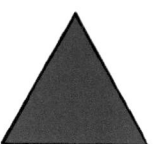

segitiga
....
el triángulo

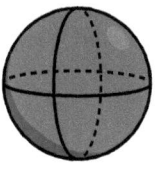

sfera
....
la esfera

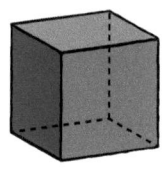

kiub
....
el cubo

warna
colores

putih
....
blanco

kuning
....
amarillo

oren
....
anaranjado

merah jambu
....
rosa

merah
....
rojo

ungu
....
morado

biru
....
azul

hijau
....
verde

coklat
....
marrón

kelabu
....
gris

hitam
....
negro

banyak / sedikit

mucho / poco

marah / tenang

enojado / tranquilo

cantik / hodoh

bonito / feo

bermula / tamat

principio / fin

besar kecil

grande / pequeño

terang / gelap

claro / oscuro

abang / kakak

el hermano / la hermana

bersih / kotor

limpio / sucio

lengkap / tidak lengkap

completo / incompleto

hari / malam

el día / la noche

mati / hidup

muerto / vivo

luas / sempit

ancho / estrecho

boleh dimakan / tidak boleh dimakan

comestible / no comestible

jahat / baik

malo / amable

teruja / bosan

entusiasmado / aburrido

gemuk / kurus

gordo / delgado

pertama / terakhir

primero / último

kawan / musuh

el amigo / el enemigo

penuh / kosong

lleno / vacío

keras / lembut

duro / blando

berat / ringan

pesado / ligero

lapar / dahaga

el hambre / la sed

sakit / sihat

enfermo / sano

menyalahi undang-undang / undang-undang

ilegal / legal

pintar / bodoh

inteligente / tonto

kiri / kanan

izquierda / derecha

dekat / jauh

cerca / lejos

baru / lama

nuevo / usado

tiada / sesuatu

nada / algo

tua / muda

viejo / joven

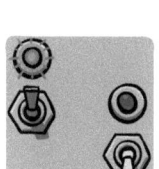

hidup / mati

encendido / apagado

terbuka / tertutup

abierto / cerrado

diam / bising

silencioso / ruidoso

kaya / miskin

rico / pobre

betul / salah

correcto / incorrecto

kasar / halus

áspero / suave

sedih / gembira

triste / contento

pendek / panjang

corto / largo

lambat / laju

lento / rápido

basah / kering

húmedo / seco

panas / sejuk

cálido / frío

berperang / berdamai

guerra / paz

0

sifar

cero

1

satu

uno

2

dua

dos

3

tiga

tres

4

empat

cuatro

5

lima

cinco

6

enam

seis

7

tujuh

siete

8

lapan

ocho

9

sembilan

nueve

10

sepuluh

diez

11

sebelas

once

12

dua belas

doce

13

tiga belas

trece

14

empat belas

catorce

15

lima belas

quince

16

enam belas

dieciséis

17

tujuh belas

diecisiete

18

lapan belas

dieciocho

19

Sembilan belas

diecinueve

20

dua puluh

veinte

100

ratus

cien

1.000

ribu

mil

1.000.000

juta

el millón

Bahasa Inggeris

el inglés

Bahasa Inggeris Amerika

el inglés americano

Bahasa Cina Mandarin

el chino madarín

Bahasa Hindi

el hindi

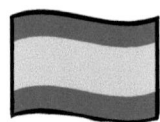

Bahasa Sepanyol

el español

Bahasa Perancis

el francés

Bahasa Arab

el árabe

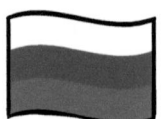

Bahasa Rusia

el ruso

Bahasa Portugis

el portugués

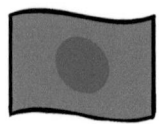

Bahasa Benggali

el bengalí

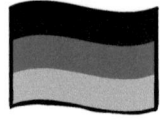

Bahasa Jerman

el alemán

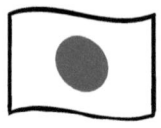

Bahasa Jepun

el japonés

saya

yo

anda

tú

dia / dia / ia

él / ella / ello

kita

nosotros/as

anda

vosotros/as

mereka

ellos/as

siapa?

¿quién?

apa?

¿qué?

bagaimana?

¿cómo?

di mana?

¿dónde?

bila?

¿cuándo?

nama

el nombre

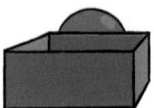

belakang

detrás

dalam

en

di hadapan

delante de

lebih

por encima de

pada

sobre

di bawah

debajo de

bersebelahan

junto a

antara

entre

tempat

el lugar